이별은 그립다는 말

이종남 시집

계간문예

이별은 그립다는 말

| 시인의 말 |

내 시의 작은 영토
나의 시 사랑
나의 시 세계 펼치기 위해
나의 무딘 언어로
서툰 내 안의 노래 부릅니다.

2024년 4월
이종남

| 축하의 글 |

시인이 첫 시집을 묶는다는 것은
창공을 나는 벅찬 날갯짓과 같은 것
우주는 창조주의 손에서 만들어지고
아름다운 언어의 시는 시인의 마음에서 만들어진다.

그 꽃이 피었다

…(중략)
어릴 적 그 날
허기진 보릿고개
입술이 파랗도록
꽃잎으로 물들었던
추억의 꽃들
지금은 아주 먼데
서 있는 풍경들이다
그러나
세월은 갔지만
아직은 가슴에 살아있는
그리움의 키를 더하는 순수

— 〈유년의 그날〉 중에서

위 시는 5연 17행으로 이루어진 시로 남해를 여행 중 쓴 시다.

시인의 시야에 들어오는 아름다움은 시가 된다.

지상에서 시를 탄생시키는 창조주, 바로 시인이다.

이 시집이 독자들과의 교감이 이루어질 수 있는 시집이 되어, 2, 3, 4 … 계속 새로운 시집을 기다린다.

2024. 4

홍금자

(사)한국시인협회 상임위원

| 차례 |

제2부 이별은 그립다는 말

제3부 밤에 피는 꽃

제4부 무슨 까닭으로

제1부

유년의 그날

유년의 그날

그 꽃이 피었다

꽃과 벌 그리고 나비들
모여 오는 유년 속 그림들
오월이면 하얗게 핀 아카시꽃
그 향기 아직도 향기롭다

어릴 적 그날
허기진 보릿고개
입술이 파랗도록
꽃잎으로 물들었던
추억의 꽃들
지금은 아주 먼 데
서 있는 풍경들이다

그리움의 키를 더하는 순수
세월은 갔지만 아직도 가슴에 살아있다

그 겨울 눈꽃 뒤에 오는

간밤에 눈보라는
왜 그렇게 몰아쳤는지
어쩌면 닿을 수 없는
먼 이별의 몸부림이었나 보다

내려앉은 잿빛 하늘
치마끈을 풀어놓고
내리는 눈송이를 받는다

눈송이 송이들
넘어져 부딪치고 깨지며 흩뿌린다
다시 몸을 세워 비틀거리는 저 눈발
줄 끊어진 연같이 곤두박질친다

먼 봄소식, 뒤꿈치 곤두세우고
축축한 여린 땅 밑을 자세히 본다
아주 가까이서
그 겨울 눈꽃 뒤에
푸른 기운이 일어서고 있다

봄의 여운

시장 초입 길모퉁이
빨강 고무 대야마다
봄이 가득 생글거린다

쑥 달래 냉이 향기
빠끔히 손 내밀고 웃는다

거칠어진 좌판 위에 손
시든 이파리 쓰다듬으며

"떨이요"
맥없는 소리가 내 뒷덜미 낚아챈다

내 마른 지갑 열리고
봄향기 듬뿍 담는 할머니
굽어진 허리 펴며 선걸음 재촉한다
낡은 시장터에도
어느새 봄 여운 가득하다

마스크 증후군

부리망으로 얼굴 가리고
싸움터로 나가는 용사들이다

선포도 없이 침략
마주 싸우기보다
적을 피하는 것이
최상의 전술이다

인간을 침범한 무법자
거리두기 울타리는
창살 없는 감옥
생경한 주먹인사

누구인가
지구의 질서를 바꿔 놓은
얼굴 없는 저 강탈자
황량한 거리엔 온기가 사라졌다
망연자실한 무리, 무리들

참으로 이상한 세상 풍경

눈 뜨기가 두렵다
간밤에 창문을 기웃거렸을까
오늘도 우울한 아침이다

거울 앞에 서서
심상치 않은 몸을 탐색 한지도
어느덧 삼 년째가 되었다

언제쯤
침묵의 시간 고삐 풀릴까

입이 있어도 열지 못하는
지금까지 살아오면서
한 번도 경험해보지 못한
참으로 참으로
이상한 세상 풍경

한 점 구름은
여전히 청명하다

산수유 열매

동안거 깨우는 산수유
입 여는 꽃잎들

지난해 매달렸던 열매
붉은 미련 남아
떠나지 못한 가슴앓이

햇살 내리는 뜰에
산수유 몸 푸는 날
멀리서 가만가만
푸르른 봄이 웃고 있다

늦겨울 인사

찬바람 여전한데
늦은 진눈깨비 뿌린다

며칠 전
매몰찬 꽃샘바람
한바탕 불고 떠난 뒤
늦겨울의 짓궂은 인사
간밤 하얀 세상
뒤늦게 선물인 양 건넨다

땅 속 마을의 여린 생명들
어둠 속에서 몸살 앓으며
개화를 꿈꾼다

백로 한 마리

긴 목을 빼고 외다리에
누군가를 기다리고 있다

산책길 오가다
백로와 눈이 마주쳤다
그는 언제나 혼자이다
혹여 피붙이
코로나 바이러스에
수용 되었을까

얼어붙은 시간 위로
땅이 꺼져 내리는 신음뿐이다

물새들은 억새풀 헤치고
술래잡기 한창이다
짝 잃은 백로의 묵언
내 마음에 닿아
내색하지 않는 슬픔 어루만진다

그 해 설날

선달 그믐날밤
하얗게 밤을 샌다
잠들면 눈썹이 희어진다는
어릴 적 할머니 말씀
엄마 곁에 앉아
설빔 안고 잠들었다

내 어릴 적 달도 없던 그날
곳곳에 호롱불 대낮같이 밝혀
객지 나간 가족들 기다림으로
밤은 깊어만 갔다

새해 아침
새해 덕담
둘러앉은 밥상 위 떡국은
차례로 나이를 먹었다

그날이 전설처럼
그림으로 남아 있다

동네 서점

귀염둥이 오 학년 예쁜이
방학이 되어도
코로나가 발목을 잡아 답답하다

이월 어느 날
손녀와 함께 서점을 찾아
앞서니 뒤서거니
어깨를 나란히 걸었다
'원피스' 만화책이 보고 싶어
동네 서점을 찾았다

오늘따라 바깥 풍경에 두리번거리는
손녀의 눈빛이 보석처럼 반짝인다

내 유년
책이 몹시 가물었던 시절
오늘 손녀와 함께한 시간이
봄날 같이 따뜻하다

계단

정상만 바라보았다
주변의 소중함 잊고
고속도로 달리듯
숨차게 달려온 세월

빨리 가야만 행복이
있을 것 같은
헛된 욕망

인생의 내리막길에서
생의 저무는 소리 들려와
잠 못 이루는 밤

지나온 날들을
어슴푸레한 기억 속에서
그리다 지우고 또 그리며
남은 생의 층계

그저 순한 걸음이 되기를 기도해 본다

밤꽃 피고 지고

유월의 산
밤꽃 향기 짙어만 간다
고향 뒷산 다랭이 끝자락은
밤꽃 세상이다

잉잉거리는 산마루
꽃향기 따라 꿀벌 행렬
먹이를 나르는 일벌
꼭 아버지 닮았다

밤톨마다 아버지 적삼에
배인 땀과 사랑
아버지의 긍지였다

이제 세월은 가고 주인 잃은 밤나무
고향 뒷산에 혼자서 피고 진다

녹색 깃발 든 할머니

이른 아침
녹색 깃발 든 사거리
할머니 교통순경 섰다

귀염둥이 손녀
녹색 어머니회 당번 날
엄마 대신 할머니가 깃발을 들었다

녹색 제복 흰 모자 호루라기 불던
교통순경 간 곳 없는 요즈음
신호등 불빛만 깜빡이는 사거리
차례대로 오가는 차량 행렬
질서 지키는 미래의 대한민국

빨간불 파란불 좌우로 흔들며
등굣길에 건널목 지킴이가 되었다

장맛비

하늘에 서러움이 컸나 보다
쉼 없이 소낙비를 퍼붓는다
자드락비
산을 넘고 계곡을 건너
쏜살같이 달려온다

길섶에 개망초꽃
활짝 웃다가 비에 젖어
멍울져 눈물 내린다

문득 눈물 그친 하늘
소낙비 지나간 저녁녘
쌍무지개 공중에 다리를 놓았다

등허리 감고 돌던 능소화
오늘도
춤추듯 나풀거린다

폭우

하늘이 문을 열었다
비바람과 천둥 번개를 달고
빗살처럼 쏟아지는 폭우

어느 곳 하나 성한 데 없이
침몰시키는 홍수

바라보고도 대처할 수 없는
인간의 능력
자연재해 앞에 무릎을 꺾었다

해마다 오는 수해의 고통
지나간 상처 아물기도 전
하늘엔 묵은 잿빛
노여움이 아직도 남아있다

파도

동해 바다

수평선 파아란 하늘가에
하얗게 부서지며 달려와
다시 떠밀고 달아나는 너
닿을 수 없는 그리움인가

울부짖다 파도는 잠이 들었다
다시 일어나 더 세차게
물기둥을 세우고 달려온다

온 세상을 삼킬 듯 성난 물결
태풍이 저만큼 오고 있다는 전언에
내 삶도 저 파도를
헤쳐 나갈 수 있을지
아지랑이 피는 봄은
언제쯤 오려는가

가을이 오는 길목에서

어제의 햇살에서 가을을 보았다
오늘은 바람에 흔들리는
계절을 만난다

한나절 먹구름이 몰려와
하늘은 조용한 눈물을 풀어내고
오가는 행인들 가을비에 젖는다

어느덧 울음 그친 하늘
햇살이 구름 사이로
내밀한 언어를 풀어낸다

저무는 들녘, 가을 어깨에 기댄 채
은은히 피어있는 구절초가 웃는다

제2부

이별은 그립다는 말

이별은 그립다는 말

마른 잎새 흔들린다

상수리나무 가지 사이
낮은 햇살이 내리는 2월
지난해 떠나지 못한 나뭇잎들
나이도 먹지 않은 채
겨우내 혹독한 시달림 견디며
제 자리를 지키고 있다

우수 경칩이 오면
연둣빛 새 생명 하나 둘 눈 뜨고
자리를 내어주고 떠나는 갈잎
이별이 그립다

낙엽처럼 물러 설 줄 아는
아름다운 인생의 간이역
여기 내가 서 있다

가을 산길을 오르다

구름꽃이 단풍 나뭇가지에 걸려
가을바람을 부른다

도토리 알밤
우수수 총알같이 쏟아지는
산중턱 오솔길
다람쥐는 겨울준비 한창이다
먹이를 나르다가
인기척에 촉각 세우고
두리번거린다

알밤 줍는 사람들 자루에는
욕심으로 가득하다

"산 아이들 겨울 양식 남겨 놓았을까"
혼자 중얼거리며 가을 산길을 오른다

억새

가을의 막바지
명성산을 뒤덮은 억새의 무리
불타는 단풍과 은빛 물결
온통 붉은 세상이다

산은 가파른 바위 돌길
인내의 한계를 느끼는 시간
산 중턱에 올랐다

흰 억새꽃
잔잔히 나부끼는 도포자락
어느 선비의 자태인가

하얀 치마 저고리 입은
어머님 모습이
아련히 흔들린다

쑥꽃

길가에 피고 지는 야생화
간밤 된서리에
고개 떨구었다

쑥꽃 한 무리
생명을 붙들고
양지바른 언덕 아래
그 이름 달고 피었다

쑥처럼 질기고 강한 생명력
긴 여정을 지나온
내 삶의
한 모퉁이 닮았다

시낭송 무대에서

시낭송 대회장은
긴장감으로 가득하다
순번을 기다리는 초조함
마음 졸이는 순간 목이 탄다

머리에서 마음으로 전하는 메시지
기억을 떠올리는 탐지기
무대에 올라 바라보니
눈들이 별처럼 반짝이고 있다
시 한 구절마다
떠올려야 하는 고통
아차, 하는 순간
시 한 구절 사라졌다

"그래 괜찮아"
실수는 퇴보가 아니니까
혼잣말로 위로를 삼는 시낭송의 하루

2022년 월드컵 축구

온 민족 화합의 시간
마음 졸이는 순간마다
박수와 환희가 엇갈린다

장한 대한의 용사
오직 한 골의 영광을 위해
숨 막히는 운동장은
아득하기만 하다

사분여의 시간은 멈춘 듯
흐르지 않던 순간들
너도 나도 얼싸안고
대한민국 만세 만세
세계의 하늘 아래
울려 퍼지는 기쁨

피와 땀 월드컵 붉은 광장
드디어 해냈다
환호의 소리 들썩인다

다섯 자매

어릴 적 한 이불 속에
발을 포개고 자랐던 우리 자매
세월이 지나간 지금
그때를 그려 본다
딸만 줄줄이
어른들의 눈총이 따가운
우리 엄마의 서러움
한숨짓고 고달파서
돌아앉아 눈물지었다
세월이 지나간 저물녘
엄마 같은 큰언니
텅 빈 무 속 닮은 관절
어설픈 걸음이 애처롭다
하얗게 바래진 세월 속
삶의 끄트머리쯤에서
저물어 가는 다섯 자매 인생길

따사로운 봄 길에
위로 한 자락 펼친다

꽃길 걷다

공원에 핀 꽃들의 아우성
산수유 진달래 목련
잠자던 꽃들 깨어나
햇살 사이로 눈맞춤한다

"벚꽃은 언제 봉오리 터질까"
오가는 텃새들 한마디 던진다

봄바람 시샘에 움찔하던 벚꽃
이제 되돌릴 수 없는 시간
밤새 산고에 시달리며
튀밥 터지듯 꽃망울 터트리고
가슴앓이 한다

봄 한철 해거름
물결일 듯 떠다니는 사람들 틈에
꽃잎 만지며 꽃길 걷는 하루

산길을 걷고 있다

자연의 고요 속
산을 오른다

연초록 나무와 꽃들
새들도 바람과 함께
머리 위를 날고 있다

산길마다
새로운 풍경
날마다
한 줌씩 전하는
자연의 저 아름다운 이야기들

어느 곳에서나
접힌 내 마음을
뚫고 나온
자연의 신비
오늘도 산길을 걷고 있다

찔레꽃

저녁노을로 물든 하늘
찔레꽃 향기 머금고
흔들리는 잎새들
계곡과 계곡 사이
초록빛 그 위
하얀 꽃잎의 순수
세상을 물들이다

노을도 잠시
지던 해 멈추는
저 신비의 물결

봄날 코끝을 스치는 고향 내음
한 때는 허기진 서러움이었다
하얀 찔레꽃은
예나 지금이나 추억의 꽃
지금도 마음속에 때때로 피고진다

이팝꽃

오월의 싱그러움
이팝나무 하얀 꽃
쌀알 같은 꽃들
풍요롭다

헹궈낸
어릴 적 기억조차
새로워지는
어머니의 얼굴
허기진 그 시절

시간의 갈피마다
삶의 무늬 더욱 또렷해져
배고팠던 시간
꽃잎 속에 가만히 내려놓는다

강물 위 비는 내리고

비가 내린다

몇 날 며칠을 기다릴 뿐
하늘바라기
오직 하늘만 바라본다

드디어 비 내리는 날
강둑 풀들이 몸 풀어
내리는 빗속에 더욱 푸르다

물 위에 떨어지는 빗방울
멍울져 퍼지는 저 파문

강물은 삶의 눈물을 안으며
묵묵히 흐르고
우리의 생
저 강물같이 젖고 젖어
흘러가고 있다

유월의 푸른 신호등

유월의 녹음
계절 따라 변화하는
동화 속 그림 같은 고향

이슬 내린 어둑길
발목 적셔가며
잰 걸음으로 논둑길 걷는다

모내기 끝낸 논마다
귀를 세우고
논배미 가느다란
논길 위 아버지의 고된 하루

유월의 푸른 신호등 앞
밭둑에 심겨진
콩잎들이 나부낀다

거리 장터에서

햇볕 내리쬐는 한나절
낡은 리어카에
갖가지 잡곡을 싣고
오르내리는
허리 굽은 할머니

장터 초입
즐비하게 늘어놓은
함지박마다
할머니의 땀이
흠뻑 젖어있다

흥정하는 손님마다
덤으로 듬뿍
올려 주는 인심
사람 사는 정이
오가는 장터
큐알코드가 계산해 주는 요즘
이런 훈훈한 정
어디에서 느낄 수 있을까

파장이 되자
할머니의 전대가
수수 됫박만큼 불룩해
부자가 된 할머니 마음
주름살까지 웃는다

그리움 앞에서

모든 인간의 생명은
자연과 이어져 살아간다

한 모금 간절한 그리움
눈빛 짙어지는 계곡
잔설 남은 봄날

지나가는 시간 속에서
애틋한 삶의 이야기들
늘 서성이는 발걸음

살아 있어 소중한 날들
봄은 소리 없이
우리 곁으로 다가온다

어머니 사랑

당신이 건네던 손의 체온은
사랑으로 이어집니다
거칠고 주름진 당신의 손은
나의 목숨의 끈입니다
따뜻한 사랑만이
나를 존재케 했습니다

오늘보다 더 뜨거운 진정한 생
내 발걸음을 굳세게 했습니다

어머니와 함께 했던 내 인생
모든 순간을 간직하고
사랑으로 움 틔웁니다

어머니에 대한 내 사랑과 추억은
보물이며 선물입니다

유년의 추억

해질 무렵이면
생각에 잠기는 유년의 저녁
온돌방 아랫목에서
작은 사각의 유리창으로 노을을 본다
방문 무쇠 고리는 열고 닫을 때마다
덜거덩 덜거덩 찬바람을 몰고 온다

먼발치 아버지 두루마기 자락 보인다
불그레 상기된 아버지의 콧노래
하루가 저문다

푸른 대나무 잎과
빨간 국화 이파리 몇 장
사이사이 꽃무늬로 장식한
기역자 흰 창호지

마당 가득 내려온 바람이
어릴 적 추억을 불러온다

제3부

밤에 피는 꽃

밤에 피는 꽃

동녘 하늘 햇살
밤새 내린 이슬로
몸을 씻는 아침
박꽃은 수줍어 얼굴 감추고
하루의 어둠이 내릴 때쯤
그제야 순이의 미소처럼
하얗게 피어난다

초가지붕 위
달빛이 쏟아지던 그 밤
이룰 수 없는 사랑 못 잊어
너와 나의 꽃이 되어
달빛 아래 서성인다

달빛에 젖어드는 박꽃
어머니의 한숨 섞인
넋두리 안아주고
너는 넉넉한 가슴으로
나를 품어주었다

민들레꽃

봄빛 아직
기척이 먼데
노오란 민들레 피었다

지난해 흰머리 나부끼며
바람 따라 가버리더니
포근한 봄날 길가에
소곤거리며 피어 있다

겨울 동안 언 땅 부여안고
잘 견뎌낸 강인한 생명력

민들레는
누구를 만나기 위해
이른 봄
꽃을 피우고 있나

오가는 눈맞춤
시샘하는 봄바람
어느새 흔들고 간다

민들레
조그마한 너
너는 봄의 주인이다

손녀와의 약속

그림 그리기를 좋아하는 사랑스런 손녀
손녀와 만화방에 가기로 약속했다

그날의 약속을 까맣게 잊었더니
손녀의 성화는 끝이 없다

소중한 약속 지키기 위해
손녀 손잡고 만화방에 갔다

손녀에게 왜 만화방에 와서
책을 읽어야 하는지 물었다

“여기서는 적은 돈으로 보고 싶은
책을 볼 수 있으니까요”

철없는 어린애인 줄 알았는데
속은 다 자라 대견하다

손녀는 요즈음 나를
동심으로 돌아가게 한다

도서관 영화관도 함께 가고
오늘은 만화방까지 왔으니
나는 꿈 많은 소녀가 된 기분이다

봄의 하루

추위 속 잠자던 꽃들
봄바람에 놀라
서로 가슴을 열고
꽃망울 터트리며
세상을 본다

봄바람 부는 언덕 위
꽃들이 피어 흩날리며
하루의 일상을 부시게 한다

봄은 새로운 시작의 계절
가벼운 마음
봄 마중하는 하루

봄이다

봄비

온 대지가 메말라
나무들은 바싹 마른 불쏘시개
타 들어가는 안타까움
하늘의 은총처럼
검은 구름떼가 비를 몰고 왔다

오랜만에
비가 내린다
초목은 새로운 생명을 시작하고
삶의 향기를 되찾아준다

봄비 내리는 날
텃밭에 모종 심은 어머니의
머리 수건이 펄럭인다

봄비는
그리움이다

꽃은 지고

온 산 꽃 피어
색색으로 무늬 놓고
새들의 정겨운 지저귐

멀리 바람 한 점 불어와
아득한 이 땅
봄물이 들었다

어느새 꽃잎은 지고
성큼성큼 앞서가는 계절
우리를 비켜가는 세월 앞에
진초록의 나뭇잎들 펄럭인다

자작나무 숲

강원도 인제
하늘을 찌르듯 흰옷 걸쳐 입고
서 있는 자작나무들

서로 몸을 부비며 숲을 이룬 너는
장수의 깃발인가

바람이 사이로 끼어들어
화음을 이루는 숲의 하모니

흰 살결 이루는 푸른 가을 하늘
수채화를 그려 놓은 듯하다

너와 헤어진 지 사나흘
어느 틈에 자작나무 숲이 그리워
강원도 그림자 눈에 선하다

가을 비

밤새 추위를 재촉하는
비가 내린다

마지막 잎 떨어질까
가지를 붙들고
끈질기게 견디더니
비에 젖어 슬며시
손을 놓는다

몇 잎 남은 나뭇잎
짓궂은 바람
흔들어 날린다

때가 되면 떠나야 하는
자연의 이치
인생사 저 낙엽처럼
흔들리며 떠나야 할까

날마다

어지럽다

쳇바퀴 돌듯
돌아가는 일상
덧없이 지나온 세월
되돌아갈 수 없을까

가슴으로 눈을 뜨면
모든 것이 새롭다

어릴 적
작은 발걸음처럼
쉬엄쉬엄 바다까지
넓은 세상 만나고 싶어

나도 그렇게 살면서
안개 서린 세월 속
발걸음 옮겨본다

가을

나뭇잎들
꽃이 되는 계절
내 가을도
먼 산허리를 질러
달려오고 있다

억새꽃이 흰 머릿결로
그리움처럼
꿈꾸던 세상 만난 듯하다

저물어 가는 가을 풍경
이른 저녁 무렵
한 폭의 그림을 그려 놓았다

짙게 물든 외로움이 새겨진
붉은 단풍잎 하나
슬픔처럼 낙엽이 진다

달빛 아래

가을 밤
한가위 달이 떠올랐다

올해도 변함없이
달은 저렇게 밝게 떠
구름 속 얼굴 내밀고
숨바꼭질 한창이다

네가 그리워
기다리던 순간
나의 마음속에
사라져버린 잔상

모든 빛의 빛을 모은
한가위 보름달
아마 이 밤도
어머니 가신 그 길
밝히고 있겠지

산수유

삼월의 노란 산수유
혼돈의 세상
코로나 19도 아랑곳 않는다

계절의 불을 켜는
알갱이, 알갱이 꽃

매일 티브이에서
확진자 수가
늘어가듯 꽃들은 점점
부피를 더 하고
간혹 봄비
머리 위에 내리면
눈물방울 매달며
입술 조금씩
조금씩 더 열어
세상의 꽃들 일어나라고
재촉하며
더 노랗게 변하는
산수유 한세상

영덕 바다

경상북도
영덕 바다에 갔다

밤마다
검은 바다를 비추는 달빛

하늘에 은하수
빛나는 밤
유년을 부른다

등대 불빛마저
그리움 불러
긴 이야기 밤을 새운다

잔잔한 바다 저편
뱃고동 울려 퍼지며
고요한 영덕 바다의
아침을 연다

후회

왜 그랬을까

버림이 있어
새로이 얻는 세상의 이치
돌이킴의 한 자리
그때 그러지 말았어야 했는데
지나고 보니 회한만 남았다

원하지 않은 이별
그 빈자리
서로를 믿고
받아들였어야 했을 일
그때는 몰랐다
이미 떠난 서러운 흔적

세상이 너를
눈여겨보지 않아도
나는 너를 믿는다

너의 일은 무엇이든
가슴 벅차고
손뼉 치는 일상의 기쁨

해는 벌써
저녁노을에
잠기고 있는데

식물 탐사

칠월의
허리쯤에서도
장마는 그칠 줄 모른다

매월 찾아다녔던
산속 식물들
포천 백운산에서
광덕산으로
발걸음 옮겼다

빗속 야생화
누구도 봐 주지 않지만
빗방울 머금고 웃으며
나를 기다리고 있다

종일 내리는
빗속을 헤치며
카메라 셔터 소리만
메아리처럼
들리는 산속

동자꽃 투구꽃 노루오줌꽃
우리 순종 야생화

힘든 만큼 기쁨으로 만나는
산속 꽃들의 얼굴
생은 그저 환하기만 하다

가을 산길

가을이 달려온다

계절의 질서를
다시 만난다

나뭇가지 사이로
내리는 햇살
저마다 익어가는 계절
입 다물고 있던 밤송이
스스로 제 몸을 풀어낸다

고요한 산길이 풍요롭다

저기
저 풀벌레
왜 저리 슬피울까
시간에 떠밀려 가는 세월이
서러워서일까

가을이 던져주는
오늘의 메시지 한 장

바닥에 떨어진 것은
어느 것 하나도
의미, 슬픔, 사랑
끼어 들 수 없다

목화밭에서

늦은 봄
눈 비집고 돋아나
너의 청초함으로
봉오리 올린 너

눈부신 흰 얼굴
다래를 달고
서 있던 너
어릴 적
설익은 열매를
따 먹던 아이
가슴에 얹힌다

새하얀 눈송이
구름처럼 떠 있는
목화 솜
너는 의복이 되고
어느 신부의 포근한
이불이 되어 주었다

또한 너는 겨울 세찬 바람
문풍지 흔들릴 때
물레 소리와 함께 울던 밤
긴 실 뽑아
베틀에 앉아
무명베 짜던
고달픈 어머니의 삶이었다

여기 목화 밭 추억에서

싸락눈 한 점

싸락눈 내린다
세차게 부는 바람 따라
쏟아내는 저 속내

푸른 대나무 숲
뚝뚝 허리 부러지는 소리
어느 장수의 패배 같다

싸락눈 서걱 서걱
나들이 가신
아버지 흰 두루마기
눈바람에 펄럭이며
보일 듯 말 듯 멀어져 간다

어린 나는
싸락눈 내리는 길 위에서
언 발 동동거리며
아버지 귀가를
기다리고 있었다

제4부

무슨 까닭으로

무슨 까닭으로

겨울 지나온 낙엽들
더 이상 기다릴 수 없어
이제 떠나야 한다며
마음 추스르는 잎새
새순들은 제비손 같이 내밀고
솟아나기 때문이다

생명이란 전혀 없는 마른 나뭇잎
억지 부리듯 가지를 붙들고 서 있다가
무슨 연유로 가슴을 열며
자리를 내어주는지

때가 되면 떠날 줄 아는
자연의 순리

지난날들 못 잊어
못 잊어 그리움만 싹트다

이른 봄

열린 창으로 햇살 내리고
가까이서 연둣빛 소식 오네

켜켜이 여민 옷깃 풀어내고
비릿한 가슴 조용히 열어보네

언 땅 속에서도 봄바람은
어느새 봄비를 입에 물었네

꿈을 향해 발꿈치 세우는
저 푸른 목숨들 바라보라

그토록 아픔을 견디며 일어선
저 고귀한 생명들 비리보리

* 2023년 가곡 시

아버지의 일기장

팔십 여 년 동안 하루도 빠짐없이
깨알 같은 글씨로 빼곡히 메워 놓은
아버지의 일기장
빛바랜 족보
세월을 베고 비스듬히 누워 있다

분신 같은 체취 묻은 몽당연필
장에 소 팔러 갈 때도 어김없이
아버지의 일기장은 진행형

이제 주인 잃은 일기장이 빈집을 지키고
고된 이 씨 가문의 내력으로 점철된
살아 있는 역사관
지금도 아버지의 이야기
전설처럼 남아있다

지금은 얽히고설킨 고된 일상
살아 있는 화석이 되었다

원흥역 근처

서울 길이 끝날쯤
지하철 원흥역 2번과 3번 출구
지난밤 신열로 들뜬 기침소리
따사한 햇볕에 말린다

다시 하루의 중량 저울질하며
지하철 입구를 통과한다

나만의 존재 이유가 되는 이 순간
칸칸마다 고개 숙인
스마트폰 인생살이
우주를 향한 안테나
주파수를 맞추느라 분주하다

삶이 착지한 시간
혼자만의 영역으로 잦아드는
한 날의 처음과 끝
조금씩 조금씩 아주 조금씩
익숙해진 일과의 관성으로
가파른 층계를 오른다

원홍역 근처
어느새 저녁노을 번져간다

겨울바람

계절이 떠나간 언덕에
낙엽만 푸석하게 쌓였다

모두가 지나간 자리
마른 가지들만
한 장의 그림이 되어
바람에 시달리고 있다

새들도 꽃도 가버린 능선 아래
이따금 적요의 신음
텅 빈 계곡에 스며들고 있다

아직도 남아 있는 것일까
그리움의 노래

몸에 새긴 기억들
멀리서 아련히 들리는 듯
가지와 가지 사이로
인색한 햇살이
어깨를 감싸 안는 언덕바지

덧없이 왔다 가는
시간의 역사
간혹 양지쪽에
푸른 기운이 솟고 있다

내 유년의 골목길

골목길 마다
밤 사이 쌓아둔 연탄재
비탈진 산동네
언덕길을 차지하고 있다

햇볕 수직으로 내리쬐는
공동 빨래터

어머니의 고단한
푸념과 방망이 소리
골목 끝에서도
음조를 띄운다

또래 아이들이
낡은 담장 아래서
긴 전봇대를 끼고
술래잡기 한창일 때

달빛도 눈 시리고
늘어선 긴 그림자
숨죽이는 그 골목

유년의 어디 쯤 숨어
목울대 길게 늘여
나를 기다리고 있을까

고향을 그리다

봄기운 멀리서 다가오면
벌써 허기지던 보릿고개
뒷동산 진달래꽃
그리고 찔레순 꺾어
입술이 파래지도록
먹어보지만
배고픔은 그대로
남아 있던 유년 시절

그래도 환하게 웃던
어린 친구들
그리움의 풍경으로 남아 있다

이제 삶을 멈춘 고향집
겨우내 남강 바람에 삭아지고
대나무 숲 혼자 울어대는 빈터
흔들리는 빈 가지엔
전하지 못하는 소식과
서러움 위에 따사한 햇살이
뜨락을 거닐며

그때의 밥 짓던 굴뚝연기
빈집 이마를 다독이고 있다

먼 그리움
고향이라는 말 앞에
나이든 지금도 늘
어린아이가 되고 만다

꽃 피는 밤

별빛 쏟아지는 밤
하얀 함박꽃
기척 없이
창문을 두드린다

용솟음치는
환희의 노래

별빛 밟고
그 위 남겨진
발자국 하나

남은 삶의 여정
인생이 짧다고 재촉하는
삶의 중턱쯤에서
겨우 입을 열고
세상 향해 눈을 뜨며
떠오르는 태양
가슴으로 안는다

겨울에 내리는 비

선달 북풍이 몰아치는 날
때 아닌 비가 내리고 있다

멀리서 봄이 온다는
기별은 멀었지만
어느새 보리밭은 푸르다

한 해가 저무는 계묘년 겨울
눈 대신 비가 내리는 삶의 지경

눈이 많던 유년의 그날
추녀 끝 고드름 입에 물고
솔가지 꺾어 썰매 타던
그 언덕에 가고 싶다

씀바귀

겨우내 땅속에서
꿈꾸던 세상
이른 봄
눈 비비고 세상을 본다

낮은 햇살
밭두렁 위에
생명을 얻기 위해
키를 돋우며 하늘을 본다

봄을 캐는 어머니
쓴맛 나는 계절
내밀한 가난
식솔들 배를 채우던 그때

어머니의 밥상 위
봄풀 냄새가
삶을 덧칠하며
늦은 저녁
상머리가 향기로웠다

어미새

상수리나무 우듬지 보금자리
까치 가족 집을 지었다

새끼들의 긴 하루
어미 닮은 어린 것들
먼 꿈의 세상을 본다

새끼들 먹이 찾아
이른 아침 산등성이 헤매다
돌아오는 어미새 고달픈 여정

자식 위해
궂은 일 가슴에 품었던
내 어머니 끝없는 사랑

질량을 알 수 없는
어미 까치의 그 사랑
내 어머니를 닮았다

나의 어머니

바람 잘날 없던
종갓집 맏며느리
삶의 촉감을 잃은 일상에서
눈물 젖은 나의 어머니

보릿고개 긴 햇살
마당 가득 쏟아지면
길쌈 바구니 옆에 끼고
첫 닭 울음소리 들리는 새벽
논 밭 길을 걸으셨던 당신

오뉴월에도
시린 팔다리 감싸고
구멍 숭숭 뚫린
무 같은 골다골증도 마다않고
허리 굽혀 노동으로
사시던 나의 어머니

자식들의 꿈을
파란 무잎처럼

쑥쑥 밀어 올리던
어머니의 힘

어머니의 잔영만 남아
늘 내 곁에 낙관처럼 찍혀있다

먼 기억 속으로

오월,
보리밭 푸르기만 하다

하늘빛이 고와
치마폭에 담고 싶다

강가에 수양버들
물 아래 내려 앉아
바람 타고 너울거리며
손짓 한창인 그곳

시린 겨울 잘 견디고
피어나는 청보리 잎새들
허기진 허리를
치마끈으로 동여매고
견뎌 온 어머니
보리이삭이 그리움 되어
빈 허공을 맴돌고 있다

보릿고개
호미 한 자루 손에 쥐고
베적삼 적시며 보리이랑
휘이휘이 가신 어머니

연회색 빛 새벽을 건너시던
오월의 그날
가난을 벗은 어머니의 얼굴이
환하게 웃고 있다

내 곁에는

그와 함께한 추억들
세월이 흐를수록
더욱 짙은 무늬로 남아
마음속에 여전히 살아 숨 쉰다

내 어깨를 기대어도 될
괜찮은 친구
서로를 존중하고 배려했던
그대가 있어서 참 좋았다
세상 낯선 어디에서도
따뜻했던 그대의 손

홀로가 되었을 때
누구보다 소중한 너
오늘도 하나의 등불로 켜져 있다

야생화

산야를 물들인 야생화
절벽과 돌 틈 비집고
눈 비비며 세상을 만난다

위태로운 바위틈
순수 그대로 향기로운 너

때로는 바람에 눕기도 하고
거친 살갗을 어우르기도 하는 너

여윈 모습 두 눈 꼭 감고
세상을 향해 하얗게 서서
향내 나누며
죽으리라 다짐하는
야생화 무리 속에
마음의 고향 떠오른다

지난 계절

늦가을과 초겨울 언저리
비가 내리다 눈이 되는 계절

노란 산국 보랏빛 쑥부쟁이도
어느새 빛을 잃어 가고 있다

말을 잃은 절벽
누구도 입을 열지 않는다

굳게 닫힌 창문에 커튼이 내려지고
겨울이 성큼 다가온다

이제 떠날 준비를 해야 한다
지난 계절
내걸었던 헛된 약속들
낙엽과 함께 떨쳐버리고

한해가 떠나기 전 남은 시간
저금통장 잔고 아끼듯,

나의 마지막 유언처럼
내 몸을 던지는 아픈 자리에
사랑한다는 말
천천히
아주 천천히
새기고 싶다

남강모래찜질

강물 기슭
하얀 광목 펼쳐 놓은 강변
칠월의 태양은 뜨겁다

마을마다 모여든 어머니들
머리 위 수직으로 떨어지는
뙤약볕 아래
종이우산 햇볕을 가리고
한 해의 고달픈
뼈마디 녹이려는 듯
달아오른 모래 위에
몸을 묻었다

따가운 열기에도
시원하다는 소리가
들리던 백사장
지금은 간데없다

노 젓던 뱃사공
떠나간 강변에
낯선 철다리 오가며
고향의 그리움만
추억의 노래가 되었다

아카시의 추억

1960년대 쯤
봄이 되면
산지사방 사업
호미와 삽을 들고
산으로 향하였다

헐벗은 강산에
아카시아 묘목 심어
푸른 강산 단장하고
밀가루 배급 받아
허기진 세상을
견디며 살았다

두견새 울부짖는
숲길 아래
청보리 해풍에
물결치는 거기
아카시아 5월의 향기
온 대지 위 꽃 피었다

입 안 가득 그 향기 물고
기진한 하루를 버텼던
아카시의 계절

세월이 번져간 자리
그리운 가슴 적시며
추억만 남아 있다

해설

| 해설 |

객관적이고 필연적인 대화법 찾아가기

— 이종남 시집 《이별은 그립다는 말》

이오장 (시인)

시는 삶의 틀에서 벗어날 수 없으며 어떻게 성찰하는가에 따라 독자와 같은 생각을 하게 되므로 원초적인 대화만을 내세운다면 삶의 일정한 상황만을 늘어놓게 되고, 특수한 현실적인 목적만을 지향한다면 독자와의 대화는 이뤄지지 않는다. 현실적인 목적의 답을 얻는다면 이미 대화는 끝나고 무엇을 쓰든 시의 목적에서 이탈된다. 시는 화자와 독자의 열린 마음을 전제로 한다. 양쪽의 마음이 얼마나 열려 있는가에 따라서 대화는 깊어지고 이해력은 높이 형성된다. 특히 시는 열린 마음으로 일정한 시간 제약이 없이 화자와 독자가 하나가 되는 문학이다. 그러기 위해서는 시를 쓰는데 개인의 주관적인 사상이나 감정을 버리고 객관적이고 필연적인 대화법을 찾아내야 한다. 그 방법은 일정하지 않고 천차만별이지만 시인은 삶의 방향을 한 곳에 집중시키지 않고 원형을 만들어 어느 곳을 주시해도 삶의 방향이 어디인지를 알 수 있는 확대된 관찰력으로 시를 쓰는 것이다. 일방적인 강연이나 보도는 이론적인 지식이 생명이지만 시에서는 독자를 사로잡는 것이 생명이다. 다시 말해 시는 독자를 생각해야 한다. 그러나 독자들이 무엇을 원하는지를 먼저 생각한다면 발표와 동시에 사장된다. 화자가 먼저 삶을 천착하는 관찰력을 길러 독자들의 마음에 일어나는 반응을 위해서 흥미 있고 논리적인 객관화를 이뤄야 한다.

이종남 시인의 시 쓰기를 한마디로 말한다면 대체로 형식의 서술이 단독으로 나타나지는 않는다. 삶의 전체를 관찰하면서 가장 뚜렷한 형식 차이의 일방적인 이야기와 상호지향적인 이야기로 풀어간다. 어떤 작품은 일방통행적인 자기만의 독백인 것 같아도 서로 주고받는 상호지향적인 언어로 변형시키는 특성을 보인다. 형식적인 이야기도 대응 관계가 있지만, 자신만을 내세워 독자들은 듣는 역할만 하게 되어 주제를 파악하지 못하는 경우가 많은데 여기서 시인은 상호지향적인 이야기로 화자가 말하고 독자가 듣는 역할과 동시에 화자의 의도를 파악할 수 있는 시의 목적에 닿는 길을 택하고 있다. 반면 사실만을 내세워 단순한 형태의 신문보도나 학설, 사상이나 이론을 발표하듯 객관적으로 흘러 시의 목적을 얻기도 한다. 시는 주관적인 사상이나 의견이 아니라 객관적인 상호 지향적으로 나타내야 진정한 독자를 얻을 수 있다는 것을 이미 파악하고 있는 것으로 보인다. 여기에 가장 가까운 길을 선택하여 보편적인 동일성을 추구하는 고유함과 특별함을 주로 그려낸다. 이념적 수단이 아닌 참된 존재로 더 나아가서 개별적인 실존을 드러내며 이념의 독단과 획일성을 넘어 개인의 고유함과 특징도 나타내고 있다.

간밤에 눈보라는
왜 그렇게 몰아쳤는지
어쩌면 닿을 수 없는
먼 이별의 몸부림이었나 보다

내려앉은 잿빛 하늘
치마끈을 풀어놓고
내리는 눈송이를 받는다

눈송이 송이들
넘어져 부딪치고 깨지며 흩뿌린다
다시 몸을 세워 비틀거리는 저 눈발
줄 끊어진 연같이 곤두박질친다

먼 봄소식, 뒤꿈치 곤두세우고
축축한 여린 땅 밑을 자세히 본다
아주 가까이서
그 겨울 눈꽃 뒤에
푸른 기운이 일어서고 있다

— 〈그 겨울 눈꽃 뒤에 오는〉 전문

황진이는 동지섣달 기나긴 밤 한 자락 끊어 이불 속에 넣어두고 그리운 님을 그렸는데 이종남 시인은 눈보라 치는 겨울밤을 끌어안고 님을 기다린다. 이렇게 심한 눈보라 길을 어떻게 헤치며 오실까. 그러다가 오지 못하는 게 아닐까. 오늘이 아니면 또 언제 만나게 될까. 눈보라를 핑계로 나를 잊으면 어떡하나 두려움에 창밖 날씨에 신경을 곤두세운다. 쌓이는 눈을 적게 하려고 치마폭에 담는 수려한 행동은 가장 진실한 사랑을 품었다는 것을 말하며, 자연을 닮았다는 것의 증명이다. 눈 내리는 날은 아름답다. 특히 동지섣달 기나긴 밤에 창문을 스쳐가는 눈 내리는 소리는 세상에서 가장 아름다운 소리라고 이미 명명되었다. 그런 밤에 약속한 사람이 오지 못한다면 기다리는 마음의 상처는 아주 깊어진다. 시인은 여기에 한 걸음 더 나아간다. 잔뜩 기대감을 높여놓았다가 한순간에 허물어뜨리는 묘법을 부린다. 그렇게 기다리던 님이 봄이라 고백한다. 봄은 만물을 소생시키는 힘을 가진 님이다. 다시 깨어나지 못할 것 같았는데 무슨 힘으로 녹여내고 봄은 오는 걸까. 자연의 이치라는 건 누구나 알고 있지만 시적 언어에서는 아름다운 표현의 으뜸이다. 이것을 놓치지 않고 자연의 섭리와 사람의 심리를 그려낸 시인은 아름다움을 느끼고 그것을 통해 존재 의미를 재현하려는 의도를 가졌다고 확언할 수 있다.

정상만 바라보았다
주변의 소중함 잊고

고속도로 달리듯
숨차게 달려온 세월

빨리 가야만 행복이
있을 것 같은
헛된 욕망

인생의 내리막길에서
생의 저무는 소리 들려와
잠 못 이루는 밤

지나온 날들을
어슴푸레한 기억 속에서
그리다 지우고 또 그리며
남은 생의 층계

그저 순한 걸음이 되기를 기도해 본다

— 〈계단〉 전문

'삶은 경쟁이며 투쟁'이라는 말은 누가 만들어낸 말일까. 너무나 힘든 과정에 자신의 느낌을 토해낸 말이지만 누구나 고개를 끄덕이는 것은 모두에게 해당하는 말이기 때문이다. 삶은 자연이므로 경쟁이 될 수 없으며 더구나 싸워서 뺏는 투쟁은 아니다. 태어날 때도 자연의 섭리이며 죽는 것도 자연을 따른 것으로 사람은 자연에 순응하면 삶은 편하다. 그러나 이성을 지니고도 타성을 따르는 심리적인 불안감은 사람을 자연에서 벗어나게 했다. 전부가 자기 것이며 내 것이 아니면 차라리 없는 게 낫다는 심정으로 경쟁하고 더 나가 투쟁을 한다. 오르지 못할 하늘인 줄 알면서 비행기를 만들어 냈고 지구의 깊이가 얼마인지 측정해 낸 뒤에는 뒤집어도 지구는 둥글다는 것을 알았다. 이후가 문제다. 무엇이나 오를 수 있는 기구를 만든다면 누구 것이든 빼앗고 이긴다는 이기심을 만들어 냈다. 대표적인 것이 계단이다. 여기에 사다리가 추가 되고 기계식 계단이 만들어져 너무 쉽게 오른다. 시인은 편리함을 추구하는 사람들의 심리와 나이 들어가는 상태의 노인들의 심리를 분석하듯 시를 썼다. 어느 정도의 높이에 올라서 보니 아래가 보이고 그곳이 원래 있던 자리라는 것을 느낀 것이다. 젊었을 때는 빠름을 택했으나 올라가 아래를 보고 자신의 늙음을 알고 보니 바른 것은 허무하다는 것을 알게 된 것이다. 어슴푸레 기억 속에서 그리다 지우고 또 그리다 지웠던 의문이 계단 위에서 보이는 것은 남은 생을 알고 있다는 것이다. 이때부터가 인생의 진정한 의미가 부여된다는 것을 그려낸 시인은 사회적인 역할에 가장 높이 닿는 선구자다.

공원에 핀 꽃들의 아우성
산수유 진달래 목련
잠자던 꽃들 깨어나
햇살 사이로 눈맞춤 한다

"벚꽃은 언제 봉오리 터질까"
오가는 텃새들 한마디 던진다

봄바람 시샘에 움찔하던 벚꽃
이제 되돌릴 수 없는 시간
밤새 산고에 시달리며
튀밥 터지듯 꽃망울 터트리고
가슴앓이 한다
봄 한철 해거름
물결일 듯 떠다니는 사람들 틈에
꽃잎 만지며 걷는 하루

— 〈꽃길 걷다〉 전문

꽃은 완성이 아니라 과정이다. 꽃을 피워 수정을 이루고 씨를 맺어야 비로소 완성이다. 그러나 사람은 꽃을 완성이라고 한다. 삶의 성공을 꽃에 비유하는 것이다. 성공의 과정은 실로 힘들다. 고난은 말할 것도 없고 장애물이 많다. 심지어 가장 가까운 사이에도 그 사람의 성공을 시기하여 방해하는 게 사람이다. 그 속에서 성공의 꽃을 피우기란 하늘의 별 따기다. 꽃은 식물이 피운다. 나무가 자라든가 씨앗이 터서 싹이 나고 모진 비바람을 견뎌야 비로소 꽃을 피울 수 있고 열매를 맺어 후대를 퍼트린다. 사람이 보고 즐기는 식물의 입장에서는 정말로 모진 고난을 견뎌내야 꽃을 피우는데 즐기는 사람들은 그것을 잊고 꽃의 생태를 사람에게 비유하여 행복의 잣대로 삼는다. 공원의 봄은 꽃을 피워야 진정한 봄이며 사람들의 걸음이 많이 찾아야 축제가 되어 낙원을 이루는데 식물의 상태로 본다면 그것이 고난이다. 시인은 꽃 피는 공원에서 자연을 즐기며 사람이 추구하는 이상향이 무엇인지를 밝힌다. 성공을 위하여 고난을 무릅쓰는데 시샘하는 바람이 불고 원치 않는 봄추위에 시달린다. 지독한 산고에 허덕이며 참고 참는 식물의 상태에서 사람의 고난을 본 것이다. 그렇지만 시간은 흐르고 흐름 속에서 성공은 반드시 찾아온다. 가슴앓이가 심해도 봄은 오는 것이며 꽃이 핀다는 사실을 한 번 강조하는 이유는 참고 참으면 반드시 성공을 이룬다는 것을 강조한다.

감정의 변화를 체험의 순간에서 얻은 이미지로 재현하는 표현력으로 사람은 오감을 통하여 외부세계와 몸 안에서 발생하는 정보를 받아들인다. 시인은 한 걸음 더 나가 오감을 통해 얻은 정보를 더 큰 폭으로 확대하여 상상을 결부 거기서 발생한 이미지를 독자들에게 전달한다. 항상 새로운 이미지를 만들어 내는 것이다. 이것이 시인이 창조하는 언어예술이다. 그러나 체험이 없다면 이뤄내지 못하는 작업이다. 이종남 시인은 어떤 대상에서 일어나는 감정의 변화를 체험의 순간에서 얻은 이미지로 확산시키는 힘이 크다. 이것은 근원적인 특성으로서 진실성의 아름다움을 통해 재현해 내는 능력이 있다는 근거가 된다. 사물의 본질을 이해하고 그 자체를 성찰하며 삶의 천착이 강하다는 의미다. 그런 이유로 시인을 미학적 존재를 재현해 내는 아름다움에서 자신의 존재 의미를 재현하는 시인이다.

모든 인간의 생명은
자연과 이어져 살아간다

한 모금 간절한 그리움
눈빛 짙어지는 계곡
잔설 남은 봄날

지나가는 시간 속에서
애틋한 삶의 이야기들
늘 서성이는 발걸음

살아 있어 소중한 날들
봄은 소리 없이
우리 곁으로 다가온다

— 〈그리움 앞에서〉 전문

시간은 가면서 오는 것으로 잠시의 멈춤이 없다. 시간을 간다고 말하면 빠르고 온다고 말하면 느리다는 뜻이다. 대체로 젊었을 때는 느리다고 하면 시간을 재촉하고 늙었을 때는 너무 빠르다고 느리기를 바란다. 같은 흐름인데 느낌에 따라 시간의 속도는 정해진다. 사람의 이기심이 만든 오류다. 사람이 자연에서 벗어나지 않고 자연 상태로 살아간다면 누구나 신선이 되겠지만 자연에서 이미 탈퇴한 사람으로서는 되돌릴 수 없는 강을 건넜다. 그러나 조금이라도 자연을 이해하거나 함께 한다면 시간의 흐름을 늦출 수 있다. 실제로는 그렇지 못하지만 심리적으로 늦춰진다는 효과를 얻는다. 바로 이종남 시인처럼 자연을 그리워하며 닮으려고 시도하면 된다. 사람의 심리는 말리면 더하고 싶고, 재촉하면 거부하는 습성이 본능적으로 존재하는데 삶의 척도는 얼마나 시간을 조정하여 느림을 갖느냐에 있으므로 시인과 동행하여 자연을 사랑하고 닮아 가면 진실한 삶을 이룰 수 있다. 지나가는 시간 속에서 애틋한 삶의 이야기를 풀어가며 서성거리지 말고 느긋한 마음을 가진다면 그게 바로 자연으로 가는 길이다. 하루를 살면서도 살아 있다는 사실을 확인하는 일은 그래서 중요하다.

어지럽다

쳇바퀴 돌 듯
돌아가는 일상
덧없이 지나온 세월
되돌아갈 수 없을까

가슴으로 눈을 뜨면
모든 것이 새롭다

어릴 적

작은 발걸음처럼
쉬엄쉬엄 바다까지
넓은 세상 만나고 싶어

나도 그렇게 살면서
안개 서린 세월 속
발걸음 옮겨본다

— 〈날마다〉 전문

위 작품 「그리움 앞에서」와 이어지는 작품이다. 대통령을 하든 막노동을 하든 사람의 삶은 같다. 먹고 자고 마시며 휴식하고 그러다 생을 마친다. 자연에서 가장 단순한 게 우리의 삶이다. 그런 속에서 다투고 투쟁하며 자리를 차지하고 재산을 축적하고 사물에 욕망으로 생을 헛되이 보내는 게 사람이다. 그것은 하루가 바뀌고 한 달이 지나고 한 해가 바뀌어도 계속 제자리를 빙빙 돈다. 만약 이탈하게 되면 그게 죽음인데 사람은 죽음을 알면서도 이탈을 꿈꾼다. 태양을 공전하는 지구가 원심력을 잃는다면 우주공간에 머물지 못하고 어느 행성과 부딪쳐 사라지고 말 것이다. 우리의 삶도 쳇바퀴 도는 게 싫어 벗어나게 된다면 금방 사라진다. 그래도 그곳을 벗어나려고 애를 쓰는 것은 이기심이 아니라 현실을 바라보는 밝음이 커서 그렇다. 그것을 보지 않고 순응하는 삶이라면 그냥 편하다. 간섭을 받는 게 아니라 자신의 느낌으로 바라보는 것이다. 이종남 시인은 그런 눈을 지향하지 않는다. 덧없이 지나온 세월 되돌아갈 수 없다는 것은 이미 알았으니 가슴의 눈으로 본다면 모든 것이 새로워지고 시간이 보인다. 그 보이는 시간을 자신에게 맞추면 그게 득도의 세계다. 쉬엄쉬엄 걸으며 넓은 세상을 담고 세월의 흐름을 따라간다면 누가 신선이라 하지 않겠는가. 이것이 시인이 바라는 진정한 삶이다.

왜 그랬을까

버림이 있어
새로이 얻는 세상의 이치
돌이킴의 한 자리
그때 그러지 말았어야 했는데
지나고 보니 회한만 남았다
원하지 않은 이별
그 빈자리
서로를 믿고
받아 들었어야 했을 일
그때는 몰랐다
이미 떠난 서러운 흔적

세상이 너를
눈여겨보지 않아도
나는 너를 믿는다
너의 일은 무엇이든
가슴 벅차고

손뼉 치는 일상의 기쁨

해는 벌써
저녁노을에
잠기고 있는데

— 〈후회〉 전문

그릇의 목적은 무엇인가를 담는 데 있다. 물을 담아 마시고 밥을 담으며 술이나 과자 등 수많은 먹을거리와 물건을 담는 게 그릇이다. 그러나 무엇인가가 채워져 있다면 그릇이 아니라 창고다. 하나의 질그릇이나 자기의 모양을 갖춘 예술품이다. 그릇을 비워야 그릇다워지며 그릇의 본모습을 찾는다. 그러나 비우는 사람은 없다. 어제나 찰랑찰랑 넘치기를 원한다. 비워지면 불안하고 불안을 넘어 착란증까지 몰고 온다. 그게 현대의 욕망이다. 비워야 무엇인가를 채울 수 있고 그것이 새로움이 되어 자기 삶이 윤택해진다는 것을 잊는다. 채워놓은 그릇을 갖고 갑자기 새로운 것이 있을 때 채움으로 인하여 그것을 받아들이지 못하는 후회는 누구에게나 공통이다. 삶은 새로움에 시작하여 후회로 끝난다. 그게 보통의 삶이다. 시인은 이미 그것을 간파했다. 그러나 버림이 있어야 새로움을 얻는다는 것을 알면서도 그러지 못한 삶을 살았다. 사랑하면서도 이해하지 못한 이별의 아픔은 빈자리를 보고서야 알았고 세상이 믿어주지 않아도 믿어주는 것은 단

사람인데 그것을 간과한 어리석음을 후회한다. 이제는 가슴 벅차 손뼉을 치는 일상을 만나도 기쁨은 적어진다. 그러나 어쩌나, 해는 이미 저녁노을을 만들어지고 있는데… 삶은 누구나 후회로 점철되어 있지만 그것을 알면서도 저지르는 어리석음을 탓한다. 이제라도 후회 없는 삶을 살자고 외친다.

사물과의 대화뿐만 아니라 체험의 느낌에서 얻은 이미지 표출하기, 어떤 사물에 대하여 무엇을 상상했다면 그 상상에 상상을 더하여 또 다른 언어를 합성시키는 능력, 그것이 시를 쓰는 시인의 능력이다. 따라서 시인의 기본자질은 언어의 기초를 얼마나 습득하느냐 따라 천차만별이다. 주어진 언어도 표출하지 못하여 전전긍긍하고 언어의 발현을 찾았다 해도 연상되는 언어를 찾지 못해 끙끙댄다. 이종남 시인은 그것을 기본적인 체험을 통해서 찾아간다. 체험의 언어로 순간에 찾아오는 고통을 줄이고 그것을 어떻게 벗어낼 수 있는가의 길을 찾는다. 사물과의 대화뿐만 아니라 체험의 느낌에서 얻은 이미지를 표출한다. 대부분 느낌에서 얻은 감성 안에서 한 치를 벗어나지 못하고 순간의 영상을 그리는 데 비해 시인은 한 편의 시를 쓰는데도 체험에서 얻은 느낌을 감성으로 합일시켜 독자가 쉽게 이해할 수 있는 이미지를 만들어 간다.

동녘 하늘 햇살

밤새 내린 이슬로
몸을 씻는 아침
박꽃은 수줍어 얼굴 감추고
하루의 어둠이 내릴 때쯤
그제야 순이의 미소처럼
하얗게 피어난다

초가지붕 위
달빛이 쏟아지던 그 밤
이룰 수 없는 사랑 못 잊어
너와 나의 꽃이 되어
달빛 아래 서성인다

달빛에 젖어드는 박꽃
어머니의 한숨 섞인
넋두리 안아주고
너는 넉넉한 가슴으로
나를 품어 주었다

— 〈밤에 피는 꽃〉 전문

'밤에만 가슴을 여는 꽃'은 표제다. 가장 순수한 표현으로 감성을 돋궈 독자의 가슴을 울리게 하는 장면을 연출하였다. 밤새 내린 이슬로 햇살이 아침을 씻어내는 시간 박꽃은 고개 숙여 얼굴을 감추고 있다가 은은한 달빛이 내리는 밤에 수줍게 피어나 하얗게 웃음 지으며 사랑을 기다린다. 여성이 갖는 지극한 모성의 사랑과 임을 그리는 간절한 소망을 담았다. 밤에 떠난 임을 위해 어둠을 밝히고 이뤄지지 않은 사랑에 원망하지 않으며 너와 나의 꽃이 되어 달빛을 휘감는 장면에 누구든 고개 돌릴 수 있을까. 시인은 사물과의 대화뿐만 아니라 체험의 느낌에서 얻은 이미지를 박꽃에서 발현시켜 독자와 만난다. 박꽃은 민족의 꽃이다. 가장 서민적인 정취를 담고 있으며 살림살이의 대명사다. 꽃이 진 뒤에 아기 주먹만 한 모습은 배냇짓을 그려주며 할머니의 사랑을 품는다. 달빛으로 핀 꽃이 햇빛으로 자라나 달덩이만큼 자라났을 때의 모습은 부의 상징으로 집안을 장식하고 달빛과 초가지붕을 환하게 꾸며 마치 잊힌 전설을 펼치는 것 같아 멀리서 바라볼 때도 걸음을 서두르게 한다. 박은 여물어 단단해지면 톱으로 반을 잘라 솥에서 삶아 속을 먹고 겉은 말려 바가지로 사용하였다. 바가지가 없는 살림은 생각지도 못했으며 박을 심지 않는다면 동네의 손가락질을 받기도 하였다. 시인의 박꽃은 여기에 어머니의 추억과 사랑을 담아내어 더욱 큰 감동으로 다가오게 하는데 이것은 민족의 꽃으로 주목받았으나 이제는 잊힌 꽃으로 밀려났기 때문이다. 시골의 한적한 곳에 가도 보기가 드물고 도시의 화원에나 가야 가끔 눈에 띄는 꽃이다. 어렸을 때의 추억과 어머니의 사랑이 잊히는 것 같은 절실함에 박꽃을 써놓고 표제 시로 올린 것을 보면 시인의 가슴에 얼마나 큰 울림을 줬는지 알 것 같다.

계절이 떠나간 언덕에
낙엽만 푸석하게 쌓였다
모두가 지나간 자리
마른 가지들만
한 장의 그림이 되어
바람에 시달리고 있다

새들도 꽃도 가버린 능선 아래
이따금 적요의 신음
텅 빈 계곡에 스며들고 있다

아직도 남아 있는 것일까
그리움의 노래

몸에 새긴 기억들
멀리서 아련히 들리는 듯
가지와 가지 사이로
인색한 햇살이
어깨를 감싸 안는 언덕바지

덧없이 왔다 가는
시간의 역사
간혹 양지쪽에
푸른 기운이 솟고 있음을 본다

— 〈겨울바람〉 전문

계절의 흐름을 우리는 몸으로 아는 걸까, 느낌으로 아는 것일까. 눈으로 보고 안다는 것은 사물을 통해 얻는 것이고 느낌으로 안다는 건 오감을 통해 체험으로 안다는 것이다. 바람은 형체가 없고 소리도 없다. 나뭇가지에 부딪힌 울림은 나무 소리인지 바람 소리인지 우리는 헷갈린다. 어딘가 부딪쳐야 내는 소리는 바람의 형체까지 보여주게 되고 사람은 형상을 만들기도 느낌의 크기도 말한다. 원래 바람은 없는 곳을 채우기 위한 공기의 이동이다. 어느 한 곳의 대기가 불완전해지면 그것을 메꿔 주려는 목적에 달린다. 태양의 열기로 인한 증발로 생긴 에너지가 너무 커지면 작은 곳을 이동하는 것이 원리다. 그래서 바람은 계절에 따라 크기와 질량이 다르다. 봄바람은 느긋하고 따듯하며 여름은 축축하고 뜨겁다. 가을은 봄여름을 합친 것의 느낌으로 시원하며 칼칼하다. 겨울바람은 태양의 위치에 의한 냉기를 품어 거세고 차갑다. 시인은 그 겨울바람 앞에서 무엇을 보고 있을까. 낙엽의 추레한 모습, 나뭇가지의 헐벗을 모습, 떠나간 새들이 남긴 흔적, 텅 빈 계곡의 쓸쓸함 등 사람이라면 전부가 같은 느낌의 이미지를 찾아낸다. 이런 것들이 언제 바뀌는지는 누구나 안다. 그러나 현실의 모습은 외롭고 쓸쓸하다. 엄습하는 그리움이 장면을 덮어주지만 아련히 들려오는 목소리는 그치지 않는다. 여기에서 더 나가 덧없이 왔다가는 시간의 역사를 살피고 그래도 양지쪽에 움튼 봄을 기대하며 희망을 보여준다. 그렇다. 모질게 괴롭히는 겨울바람이지만 그것을 견뎌낸다면 금방 지나간다. 시인이 주는 감성이 독자에게 그대로 전달되는 순수의 장면이다.

팔십여 년 동안 하루도 빠짐없이
깨알 같은 글씨로 빼곡히 메워 놓은
아버지의 일기장
빛 바랜 족보
세월을 베고 비스듬히 누워 있다

분신 같은 체취 묻은 몽당연필
장에 소 팔려 갈 때도 어김없이
아버지의 일기장은 진행형

이제 주인 잃은 일기장이
빈집을 지키고
고된 이씨 가문의 내력으로 점철된
살아 있는 역사관
지금도 아버지의 이야기
전설처럼 남아있다

지금은 얼키고설킨 고된 일상
살아 있는 화석이 되었다

— 〈아버지의 일기장〉

우주에서 가장 큰 것은 무엇일까. 가까운 것은 태양이지만 지구에서 가장 높고 큰 것은 히말라야산맥의 에베레스트산이다.

가장 높아 함부로 접근하기도 힘들어 거기를 오르는 데 성공하면 국민적인 영웅이 된다. 이건 눈에 보이는 크기를 말하는 것이지만 심적으로 가장 크고 높은 존재는 아버지다. 대대로 내려오는 유전자를 이어받아 후손이 번창하고 그 번창은 발전을 거듭하여 크기를 유지한다. 아버지는 그런 존재다. 인류의 조상에서부터 내려 받은 모든 것의 크기를 본다면 짐작이 간다.

아버지는 생을 마치고 사라지는 게 아니라 끊임없이 이어진다. 그것을 다 합하면 지구 둘레를 수백 번 돌고 남으며 태양을 넘어 우주 전체를 아우르는 길이다. 인류의 역사가 50만 년으로 봤을 때의 길이를 합산하면 그보다 더 길고 높다. 낳아주고 버림을 받아도 같은 수준의 크기를 가지는 게 아버지다. 아버지가 없었다면 자신도 없으므로 이것은 확실한 셈법이다. 시인은 그런 아버지의 일기장에서 삶을 읽어내었고 아버지가 남긴 모든 것은 결국 자신을 위해서였다는 것을 확인한다. 세월을 베고 누워 팔십 평생을 빼놓지 않고 기록한 일기는 개인의 역사를 넘어 아버지의 역사다. 아버지가 이룬 결과물에 따라 자식이 발전하는 게 아니라 아버지의 유전자에 따라 자식의 따름이 이어진다는 것을 말한다.

아버지가 남긴 몽당연필은 역사의 흔적이 아니라 삶을 개척한 아버지의 끈기를 보여준다. 모두가 아버지를 두었어도 왜 아버지를 소재로 한 작품이 빛을 받지 못하는지 의문이 풀리는 작품이다. 대부분 아버지의 이미지는 울림이 같기 때문에 큰 감동을 주지 못하지만 시인은 일기장을 읽어가며 아버지의 삶을 재조명하고 인류의 역사가 어디서부터 흘렀는지 확실하게 확인시킨다.

시는 말을 문자로 옮겨놓는 예술이다. 말은 상황에 따라 그때의 이해와 해석으로 소통이 가능하지만 문자로 옮겨놓으면 이미 상황의 변화는 시작되고 순간적인 이해력 없이 고정되기 때문에 말을 그대로 옮겨놓는 것하고는 다르다. 이동성이 떨어지고 상대가 보이지 않으므로 말과 같이 그대로 전달되지 않는다. 그래서 시를 말하듯 쓴다는 것은 어렵다. 이종남 시인은 시의 착안점을 여기에 두고 시를 쓴다. 보편적인 동일성을 추구하는 고유함과 특별함 그려내는가 하면, 감정의 변화를 체험의 순간에서 얻은 이미지로 재현하는 표현력을 넓히고, 사물과의 대화뿐만 아니라 체험의 느낌에서 얻은 이미지 표출하여 전체적으로 객관적이고 필연적인 대화법을 찾아가는 길을 만들어 낸다. 이것이 시인은 시인에게 하는 근거를 만들어 작품을 쓴다. 앞으로 얼마나 많은 작품을 쓰느냐에 따라 더욱 발전된 모습을 볼 수 있다는 기대감이 생긴다. 시집 상재를 축하하며 문학의 자리를 크고 넓게 펼쳐가기를 바란다.

계간문예시인선 202

이종남 시집 _ 이별은 그립다는 말

초판 인쇄 2024년 5월 20일
초판 발행 2024년 5월 25일

지 은 이 이종남
회 장 서정환
발 행 인 정종명
편집주간 차윤옥

펴 낸 곳 도서출판 계간문예
주 소 03132 서울 종로구 삼일대로 30길 21 종로오피스텔 1209호
전 화 (02) 3675-5633 팩스 (02) 766-4052
이 메 일 munin5633@naver.com
홈페이지 http://cafe.daum.net/quarterly2015
등 록 2005년 3월 9일 제300-2005-34호
연 락 처 03132 서울 종로구 삼일대로 32길 36 운현신화타워 305호
인 쇄 54991 전북 전주시 완산구 공북1길 16, 신아출판사
ISBN
ISBN 978-89-6554-118-9 (세트)

값 12,000원